容器に入れて
チンするだけ！

ほぼ1ステップで作れる

レンジ飯

#レンジ飯

リュウジ

KADOKAWA

はじめに

レンジ調理は
やる気が起きない日の
味方です

電子レンジは温めるだけじゃない。もはや立派な調理道具です。レンジを使うことに、どこか罪悪感を感じてしまう方もいるかもしれません。そんなあなたに僕は声を大にして言いたい。レンジは手抜きじゃないと。じつは、僕も昔はあまりレンジを信用していなかったんです。だけど、いろんな料理を試すうちに、レンジ調理が合理的で便利であることを実感するようになりました。

これまで鍋でゆでていたパスタや鶏胸肉も、むしろレンジで作った方がおいしいんじゃないかと思うほどの出来栄えだし、野菜は食感よく加熱でき、炒めなくても、こんなにおいしいのか！　と驚きました。ゆでる、蒸すといった野菜の下ごしらえは、今じゃすっかりレンジ先生にお任せしています。

本書は、僕が本当にウマいと思う、究極のレンジ飯を紹介します。どれもレンジの特性を最大限に生かした、レンジだからこそ、おいしく作れるメニューです。作り方は、容器に材料を入れてチンする＝1ステップ調理。圧倒的にラクで、洗いものも少なくて済みます。レンジ加熱は火の通りが早く、調理時間の短縮にもなり、いいことずくめです。

レシピは、ご飯やお酒のおともになる肉や魚、野菜のおかず、ヘルシーなメニュー、ご飯ものや麺類、スープ、デザートまで、フルラインナップを取り揃えました。レンジがあれば、なんでもできる！ この本が、忙しい皆さんの助けになればうれしいです。

リュウジ

Contents

はじめに レンジ調理はやる気が起きない日の味方です 2
ここが激ラク！ほぼ1ステップレンジ飯！ 10
これだけは覚えておきたい！レンジ調理のコツ！ 12
レンジ飯をおいしくする調味料 17

CHAPTER 1 大人気メニュー

テンション上がる！

- オムライス 20
- 無水キーマカレー 22
- 鶏肉チャーシュー 24
- パテドコンビーフ 26
- レモン蒸し鶏 28
- とろとろ親子丼 30
- 焼かない焼肉丼 32
- 超絶のびるアリゴ 34
- 卵焼き 36

CHAPTER 2 肉と魚

ご飯がすすむ

- 和風ハンバーグ 40
- 豚バラチャーシュー 42
- 鶏胸肉の柔らかステーキ 44
- アルボンディガス 46
- ガリブタ炒めず 48
- 豚バラ大根 49
- ホイコーロー風 50
- 豚バラと長ねぎのポン酢がけ 52
- マーボー温奴 53
- さばと大根の塩煮込み 54
- ぶり大根 55

CHAPTER 3

ニラの塩炒めず **60**
もやしの肉あんかけ **61**
白だしバターなめたけ **62**
ほうれん草のバター炒めず **63**
ホクホクしらすポン酢アボカド **64**
バタポン酢しめじ **65**
ガーリックパンプキンサラダ **66**
ノンオイルポテサラ **67**
れんこん磯辺サラダ **68**
ツナマヨオニオンサラダ **69**

オクラ 70
オクラのチーズおかか／オクラの小えびしょうゆ

ブロッコリー 71
ブロボナーラ／ピリ辛無限ブロッコリー

なす 72
なすの煮浸し／なすのユッケ

ピーマン 73
無限ピーマン／ピーマンチーズ詰め

にんじん 74
にんじんの酒蒸しバター／
にんじんのたらこあえ

グリーンアスパラガス 75
アスパラのナムル／
アスパラの温泉卵のせ

ほぼ1品で作れる
野菜
おかず

ヘルシー
なのに豪華なおかず

CHAPTER **4**

鶏胸肉とキャロットラペのマリネ 80
鶏酢豆腐 82
鶏胸肉と白菜の塩蒸し 83
ケランチム 84
白滝アラビアータ 85
もやしカルボナーラ 86
豆乳明太クリーム豆腐 87
きのことえびの和ヒージョ 89
春雨ペペロンチーノ 90
こんにゃくとベーコンの塩煮込み 91

CHAPTER 5

麺とご飯

手間が少ないのにがっつり！

パスタ
フォルマッジョパスタ 94
ペンネでアラビアータ 96
アマトリチャーナ・ビアンコ 97
たらこレモンバターパスタ 98
きこり風パスタ 99
コンビーフの
レモンカルボナーラ 100
ボロネーゼ 101
超濃厚アボカルボ 102
さば缶のラグー 103
ぺぺたま 104
鶏とごぼうの
和風麺つゆパスタ 105

うどん
ネギ塩ダレうどん 106
豆乳明太クリームうどん 108
かつおぶしMAX焼きうどん 109
冷たいうどん白あえ 110
カレーうどん 111

中華麺
焼きそば麺で油そば 112
焼かないタレ焼きそば 114
うま塩油そば 115

ご飯
パエリア 116
トマトの
オリーブオイルリゾット 118
納豆ラー油チャーハン 119
アボバタチャーハン 120
さば缶チャーハン 121
卵白たまごかけご飯 122
のりゾット 123
卵雑炊 124
さば缶の炊き込まずご飯 125
しめじのわさび混ぜご飯 126
鶏とれんこんの二目ご飯 127

CHAPTER 6

おかずにもなる食べ応えスープ

長ねぎのくたくたスープ 132
豚キムチチゲ 134
シェントウジャン 135
濃厚豆乳チャウダー 136
コンソメレモンスープ 137

COLUMN

作りおきできる！
鶏ひき肉の絶品レシピ！ 56
鶏肉みそ／鶏肉の松風焼き風／
鶏肉ミートソース

お弁当にぴったり！
**冷凍食品の
アレンジレシピ！ 76**
チキン南蛮／
えびマヨシュウマイ

肉や野菜の下ごしらえに！
レンジ活用法 128

これがレンジで作れるの!? デザート

CHAPTER 7

大人のラムプディング 140
クリームチーズボウル 141
バナナソイジェラート 142
クリームチーズきんとん 143

本書の使い方

計量
大さじ1 = 15ml、
小さじ1 = 5mlです。

電子レンジ
本書ではターンテーブル式の電子レンジを使用し、600Wを基準にレシピを出しています。

加熱時間
電子レンジの加熱時間はメーカーや機種によって異なるので、様子を見て加減してください。

ここが激ラク！
ほぼ1ステップレンジ飯！

レンジ調理のよいところをまとめました。
ラクしてウマいものが食べられるなんて最高！
初心者の方も気軽に作ってみてくださいね。

調理工程は容器でチンの1ステップ！

材料を用意して耐熱容器に入れ、ほぼ1ステップでレンジで加熱。どのレシピも基本的な流れは同じです。豆腐の水きりや、だしを取るなど面倒な下ごしらえはいっさいありません。複雑な工程がないから料理が苦手な方も安心してお試しください。

洗いものが減ります

疲れているときは、あと片づけも負担に感じるものです。レンジ調理では、フライパンや鍋を使わないし、洗いものが少なくて済みます。さらに耐熱性の器で作れば、盛りつけの手間も省けます。料理が余ったときは耐熱容器ごと保存できるのもラクですね。

> レンジは頼りになります

失敗しにくい

ガス調理は火加減を失敗すると焦げたり、パサついたりすることがあるけど、レンジなら心配無用。レシピ通りの材料と加熱時間で作れば、ちゃんとおいしく完成します。しかも加熱中はその場を離れても大丈夫なので、他のことに時間を使えますよ。

素材の栄養、うまみが逃げない

ラップをしてレンジで加熱すると中で蒸され、素材のうまみや栄養を逃さずに味わうことができます。野菜から出る水分を生かして無水調理も可能。鶏肉やきのこなど素材からいいだしが出るから、シンプルな調理でも深みのある味になります。

これだけは覚えておきたい！ レンジ調理の コツ！

調理に使う耐熱容器は、角型で少し深さのあるものを 1

この本では、主に角型のプラスチック容器を使っています。角型は素材を入れやすく、加熱ムラが少ないので調理しやすいです。汁気がこぼれないよう、ある程度、深さがあるものを選びます。いろんな種類があるけど、スーパーや100円ショップで買える安いもので十分。料理によっては耐熱性の器やマグカップなどを使うこともあります。

プラスチック容器

この本で使う耐熱容器

12.5〜13cm角
高さ6.5cm
容量630〜650ml

耐熱性の器やマグカップ

材料の切り方や分量は、なるべくレシピ通りに 2

電子レンジの加熱時間は、食材の切り方や分量により、変わってきます。加熱時間の誤差を少なくするためにも、まずはレシピ通りに作るのがおすすめです。レンジ調理の感覚がつかめてきたら、アレンジも楽しんでくださいね。

容器や加熱時間について、ラップのかけ方など、
電子レンジを使いこなすためのポイントをまとめました。

作る前にチェック！

目的別に使い分け！ラップのあり、なし問題 3

加熱するときに迷いがちなのが、ラップをするか、しないか。ラップをかけることで蒸されるため、肉や野菜に火を通したいときや、素材から出る水分やうまみを生かす料理のときは、ラップをして加熱します。汁ものやパスタ、水分をとばしながら調理したい料理はラップなしでOK。これを覚えておくと使い分けできるようになりますよ。

ラップをかけるときは、「ふわっと」が鉄則です！ 4

ラップをかけるときは、少し余裕を持たせて、ふんわりとかけるのがポイントです。隙間を少し作るくらいでOK。容器にぴったり密着させると、ラップが破れて破裂してしまったり、容器が変形してしまうこともあります。

ぴったりラップはNG

ラップをぴったりかけたら、こうなりました……。

ふわっと！

レシピの加熱時間は、600Wを基本にしています

5

この本のレシピは、600Wを基準にしています（電子レンジはターンテーブル式を使用）。500Wの場合は加熱時間を約1.2倍に、700Wの場合は約0.85倍にしてください。加熱時間は電子レンジのメーカーや機種によって誤差が出る場合があるので、レシピの時間を目安に状態を見て調整してください。

ワット（W）別加熱時間

600W	500W	700W
1分	1分10秒	50秒
2分	2分20秒	1分40秒
3分	3分40秒	2分30秒
4分	4分50秒	3分20秒
5分	6分	4分20秒
6分	7分10秒	5分10秒
7分	8分20秒	6分
8分	9分40秒	6分50秒
9分	10分50秒	7分40秒
10分	12分	8分30秒

加熱時間を調整するときは短めに、少しずつ

6

レシピの加熱時間に幅があるときは、短めの方を選択。10〜20秒だったら、まずは10秒からスタートし、少しずつ時間を延ばします。加熱しすぎは食材のパサつきやかたくなる原因に。余熱でも火が入っていくので、少し早めに取り出すくらいの気持ちで大丈夫です。

容器に入れる順番を
工夫しておいしさアップ！ 7

耐熱容器に切った食材や調味料を入れるとき、順番は基本的に決まっていません。特に指定がなければ、入れやすい順番でOKですが、いくつかポイントを押さえておくと、よりおいしく仕上がります。電子レンジは表面から熱があたるので、火が通りにくい食材は上にのせるとよいでしょう。

野菜の上に肉をのせる

火が通りにくい厚みのある肉は一番上に。野菜を下に入れると、肉のうまみが野菜にしみ込みます。

薄切り肉は1枚ずつ広げる

豚バラや豚こまなどの薄切り肉は、重なっている部分が生焼けになることもあるため、しっかり広げて入れます。

みそは食材にもみ込む

みそを耐熱容器に直接入れるとダマになりやすいため、あらかじめ食材にもみ込んでおきます。

難しく考えずにね

バターは食材の上にのせる

バターを入れるときは、一番最後にのせます。溶けて下の素材にしみ込み、全体に行き渡ります。

メニューによっては、2回に分けて加熱する 8

一度に加熱するものがほとんどだけど、中には2〜3回に加熱を分ける場合も。火が通りにくい根菜は先に加熱して他の素材をあとで加える、すぐに火が通る野菜は完成の手前で加えてさっと加熱する、粘度が高いトマト系のパスタは途中で混ぜて味をなじませてから再度加熱するなど、素材の特徴によって加熱の仕方を工夫しています。

→ P.49
豚バラ大根

かたい大根を先に加熱して火を通してから、豚肉を加えます。

→ P.60
ニラの塩炒めず

ひき肉を先に加熱し、すぐに火が通るニラは完成直前に加えます。

加熱後は、よく混ぜて味をなじませる 9

調味料は加熱中に食材にしみ込みますが、調味料がうまく行き渡らず、味ムラができてしまうことも。加熱後に全体をよく混ぜ、味をなじませてから、盛りつけましょう。

レンジ飯をおいしくする調味料

特別なものは使わず、家にある身近な調味料が活躍します。

1 ごま油
コクと風味が出る。あえものや中華風おかずに活躍。

2 オリーブ油
風味が増す。洋風料理やパスタを作るときに使用。

3 うまみ調味料
素材のうまみを補い、ひとふり加えるだけで満足度が増す。

4 レモン汁
レモンを搾ってもいいけど、市販の果汁があると便利。

5 バター
有塩タイプを使用。コク出しに欠かせない。

6 ウスターソース
果実や香辛料を含むため、味に深みが出る。

7 黒こしょう
味つけのほか、料理の仕上げにかけることも。

8 焼肉のたれ
調合済みなので、加えるだけで味が決まる。

9 白だし
だし代わりに。本書はヤマキ「割烹白だし」を使用。

10 ラー油
辛味を足したいときに。味にパンチが出る。仕上げに使うことも。

11 コンソメ
素材になじむ顆粒タイプを使用。うまみやコクが増す。

12 麺つゆ
3倍濃縮タイプを使用。だしを含むので煮物などに。

13 中華スープの素
本書は廣記商行「ウェイパァー」(半練り状の中華だし)を使用。

＊うまみ調味料は昆布茶で代用できます。その場合、塩分が少し強いので適宜調整してください。 ＊中華スープの素「ウェイパァー」は鶏ガラスープの素で代用できます。その場合、レシピの2倍量にしてください。 ＊本書では、こしょうはすべて黒こしょうを使用していますが、指定がない場合は白こしょうでもOKです。

私は未来人７７５号(ななこ)

夢はリュウジ並みに有名になること！なので勝手にリュウジの弟子をやってます！

７７５ちゃんの大好きな料理をレンチンだけで作ってあげるよ 何がいい？

す…すごい！レンチンだけでッ!?

材料入れてチンで大抵のものは作れるよ？

じゃあパフェお願いします！私パフェすごい好きなんです～

…おっけー ７７５ちゃん

耐熱容器

間を取ってオムライスね まずはこの容器に…

すごい仕切り能力！これが有名になる秘訣ですね～

フムフム

CHAPTER 1

大人気メニュー

テンション上がる！

大人気メニュー

オムライス

包まず、のせるだけ！昔ながらの素朴な味

a

b

皿に卵がつくのでラップを敷いて

材料（1人分）

ご飯（温かいもの）……200g
A ベーコン（角切り）……30g
　玉ねぎ（みじん切り）……1/4個
　ピーマン（みじん切り）……1個
　トマトケチャップ……大さじ3
　コンソメ（顆粒）……小さじ1/2
　バター……10g
　塩・こしょう……各少々
B 卵（溶きほぐす）……1個
　マヨネーズ……小さじ1
　塩……少々
C トマトケチャップ……大さじ1 1/2
　ウスターソース……小さじ1

作り方

耐熱容器にAを入れて混ぜ、ラップをして(a)レンジで4分加熱し、ご飯を加えて混ぜ合わせる。耐熱性の平皿にラップを敷き、混ぜたBを流し入れ、ラップをして(b)1分30秒加熱する。ご飯に卵をのせ、混ぜたCをかける。

POINT ベーコンはウィンナーでもOK。

600W 5分30秒

無水キーマカレー

水を1滴も使わない！野菜のうまみたっぷり

ルウとバターは一番上に

a

材料（2人分）

ご飯（温かいもの）……400g
A 豚ひき肉……160g
　玉ねぎ（みじん切り）……1/2個
　おろしにんにく……1片分
　トマト缶……1/2缶(200g)
　ウスターソース……小さじ1
　砂糖……小さじ1
　塩・こしょう……各少々
カレールウ……2片
バター……10g
卵黄……2個分

作り方

耐熱容器にAを入れ、トマトをつぶしながらよく混ぜ、カレールウとバターをのせる。ラップをして(a)レンジで12分加熱する。よく混ぜてご飯にかけ、卵黄をのせ、好みでパセリを散らす。

POINT 加熱後もよく混ぜて盛りつけを。

600W 12分

鶏肉チャーシュー

**味つけが神！
丼にしてもウマい**

a

b

肉を返し、たれをなじませます

材料（2人分）

鶏もも肉（常温にもどす）……1枚（300g）
A しょうゆ……大さじ2
　みりん……大さじ2
　酒……大さじ2
　砂糖……大さじ1½
　にんにく（薄切り）……1片
　赤唐辛子（輪切り）

作り方

鶏肉はフォークで全体を刺し、皮目を上にして耐熱容器に入れる。混ぜたAを加え、ラップをして（a）レンジで3分加熱する。肉を返し、再びラップをして（b）1分30秒加熱し、レンジの中に5分おいて余熱で火を通す。肉をスライスし、たれをかけ、好みで糸唐辛子、万能ねぎをのせる（切った肉をたれに浸けて数時間おくと味がしみてよりおいしい）。

POINT
にんにくをしょうがに替えても。

600W　4分30秒

大人気メニュー

パテドコンビーフ

バターと混ぜるだけで極上のパテに

ビーフはしっかりほぐして ┐ a

材料（1〜2人分）

コンビーフ（安価なニューコンミートでも可）……1缶（100g）
バター……30g
塩……小さじ1/4
黒こしょう……少々
クラッカー（または焼いたバゲットや食パン）……適量

作り方

耐熱容器にコンビーフを入れ、ラップをしてレンジで1分加熱してほぐす。バターをのせて塩をふり（a）、ラップをせずに30秒加熱して混ぜる。冷蔵庫で冷やし、黒こしょうをふり、クラッカーやパンに塗って食べる。

ディップ

アレンジレシピ

冷やさずに温かいまま、きゅうりなど好みの野菜につける。

POINT 好みで粒マスタードを混ぜても。

600W 1分30秒

大人気メニュー

レモン蒸し鶏

しっとり、柔らかい！レモン風味でさっぱり

鶏肉は皮目を上に

材料（2人分）

鶏胸肉（常温にもどす）……1枚（300g）
塩……小さじ¼
A｜水……60ml
　｜中華スープの素（ペースト）……小さじ⅔
片栗粉……小さじ1弱
水……少々
レモン汁……小さじ1強

作り方

鶏肉はフォークで全体を刺し、塩をすり込む。耐熱容器に入れてAを加え、ラップをして（a）3分30秒加熱し、レンジの中に5分おいて余熱で火を通す。肉を取り出し、水で溶いた片栗粉、レモン汁を加えて混ぜ、ラップをせずに30秒加熱してとろみがつくまで混ぜる。肉をスライスし、たれをかけ、好みで万能ねぎを散らす。

POINT
片栗粉を加え、たれにとろみを。

600w 4分

とろとろ親子丼

この半熟卵の柔かさ！
伝説の親子丼誕生

a

b

卵は2回に分けて加える

材料（1人分）

ご飯（温かいもの）……200g
A 鶏もも肉（小さめの一口大）……100g
　玉ねぎ（薄切り）……1/8個
　水……大さじ2
　白だし……大さじ1
　しょうゆ……大さじ1
　みりん……大さじ2
卵（軽く溶きほぐす）……2個

作り方

耐熱性の丼（ボウル）に**A**を入れ、ラップをして（**a**）レンジで4分加熱する。卵の半量をまわし入れ、再びラップをして（**b**）1分加熱する。混ぜて残りの卵をまわし入れ、ラップをせずに40〜50秒、卵が半熟状になるまで加熱する。ご飯にのせ、好みで万能ねぎを散らす。

POINT
卵は軽く溶いて白身の食感を残すと◎。

600w　5分 40〜50秒

大人気メニュー

焼かない焼肉丼

甘辛いタレが最高！スタミナつきます

みそがダマになるのでもみ込む → a

材料（1人分）

ご飯（温かいもの）……200g
豚バラ薄切り肉（4～5cm幅）……100g
玉ねぎ（薄切り）……1/8個
A しょうゆ……小さじ2
　酒……小さじ1 1/2
　砂糖……小さじ2
　みそ……小さじ1/2
　うまみ調味料……3ふり
　ごま油……小さじ1 1/2
卵黄……1個分
万能ねぎ（小口切り）……適量

作り方

耐熱容器に豚肉、玉ねぎを入れ、**A**を加えてよくもみ込む。ラップをして(a)レンジで3分加熱する。ご飯にのせ、卵黄をのせて万能ねぎを散らす。

POINT 好みで七味をふっても。

600w　3分

超絶のびるアリゴ

フランスの郷土料理 モチモチでたまらん！

a

b

熱いうちにいもをつぶす

材料（2人分）

- **A** じゃがいも（皮をむいて一口大）……200g（正味）
  - コンソメ（顆粒）……小さじ1/2
  - 水……50ml
  - おろしにんにく……1/2片分
- **B** モッツァレラチーズ……100g
  - 牛乳……大さじ3
  - 塩……適量

作り方

耐熱容器にAを入れ、ラップをして（a）レンジで6分加熱する。じゃがいもをつぶし、Bを加えて混ぜる。再びラップをして（b）1分加熱し、混ぜる（持ち上げるとのびる）。

\ アレンジレシピ /

アリゴの生ハム巻き
生ハムでアリゴを巻く。オードブルやおつまみに。

POINT 塩の量は味を見ながら調整して。

600W 7分

卵焼き

巻かないから超簡単 お弁当にもどうぞ！

押さえて表面を平らに

材料（1～2人分）

卵……3個
白だし……小さじ2
水……大さじ1½
砂糖……2つまみ

作り方

耐熱容器にすべての材料を入れてよく混ぜ、ラップをしてレンジで1分30秒加熱する。混ぜて再びラップをし、1分加熱する。モコッとするので(a)、熱いうちに厚手のふきんで上から押さえて成形する(b)。食べやすい大きさに切る。

POINT 白身が見えなくなるまで混ぜて。

600W 2分30秒

CHAPTER **2**

ご飯がすすむ

肉と魚

和風ハンバーグ

肉だけのハンバーグ！付け合わせも同時調理

野菜はさっと加熱 → b

材料(1人分)

- A 合いびき肉……120g
  - パン粉……大さじ1½
  - コンソメ(顆粒)……小さじ¼
  - 水……大さじ1
  - 塩……2つまみ
  - こしょう……少々
- B しょうがのすりおろし……5g
  - みりん・しょうゆ・酒……各大さじ1
  - うまみ調味料……2ふり
  - 砂糖……1つまみ
  - オリーブ油……大さじ½
  - またはバター5g
- C ほうれん草(ざく切り)……1株
  - しめじ(石づきを切り落としてほぐす)……¼株(約25g)

作り方

耐熱容器にAを入れ、混ぜ合わせる。小判形に成形し、Bを加え、ラップをして(a)レンジで3分加熱する。ハンバーグをひっくり返してCを加え、再びラップをして(b)2分加熱する。

POINT
しょうがをにんにくに替えても。

600W 5分

豚バラチャーシュー

10分チンするだけで、驚きの柔らかさ！

脂身を上にして入れる

a

b

材料（2〜3人分）

豚バラかたまり肉（容器に入る大きさに切る）……400g
しょうゆ……大さじ3
酒……大さじ1
みりん……大さじ1
うまみ調味料……3ふり

作り方

耐熱容器にすべての材料を入れ、ラップをして（a）レンジで5分加熱する。肉をひっくり返して再びラップをして（b）5分加熱する。肉をスライスし、煮汁をかける。

チャーシューラーメン

アレンジレシピ

湯200ml、うまみ調味料小さじ1弱、チャーシューの煮汁大さじ4を丼に入れて混ぜる。ゆでた中華麺1袋を入れ、チャーシュー、万能ねぎをのせる。

POINT 数時間おくと味がよりしみます。

600W　10分

鶏胸肉の柔らかステーキ

**カリッとジューシー
胸肉でこの満足感！**

a

余熱で
柔らかく

b

c

材料（2人分）

鶏胸肉（常温にもどす）……1枚（300g）
塩……小さじ1/3
バター……15g
コンソメ（顆粒）……小さじ1/3
サラダ油……少々

作り方

鶏肉はフォークで全体を刺し、塩をすり込む。皮目を上にして耐熱容器に入れ、ラップをして（a）レンジで3分20秒加熱し、レンジの中に5分おいて余熱で火を通す（b）。サラダ油を熱したフライパンに皮目から入れ、強火で両面に焼き目をつけて（c）取り出す。同じフライパンでバターを溶かし、鶏の蒸し汁全量とコンソメを加えてとろみがつくまで煮つめ、肉にかける。

POINT
焼き目は強火で
手早くつけます。

600W 3分20秒

アルボンディガス

見た目も味も最上級！
スペイン風の肉団子

ソースと肉団子を同時調理

a

材料（9個分）

- A トマト缶（つぶす）……1/4缶（100g）
-   にんにく（みじん切り）……1片
-   玉ねぎ（みじん切り）……1/4個
-   コンソメ（顆粒）……小さじ1
-   塩・こしょう……各少々
-   オリーブ油……大さじ1
- B 豚ひき肉（合いびき肉でも可）……160g
-   にんにく（細かいみじん切り）……1片
-   玉ねぎ（細かいみじん切り）……1/4個
-   コンソメ（顆粒）……小さじ1/2
-   パン粉……大さじ1
-   塩・こしょう……各少々
-   卵（溶きほぐす）……1/2個

作り方

耐熱容器にAを入れる。Bをボウルに混ぜ合わせて一口大（9等分）に丸め、容器に並べる。ラップをして（a）レンジで6分加熱する。好みでパセリを散らす。

パスタ

半分に折ったパスタ（1.4mm）100g、水260ml、コンソメ（顆粒）小さじ1弱、オリーブ油大さじ1、塩1つまみを耐熱容器に入れ、ラップをせずにレンジで10分加熱する。トマトソース（出来上がりの半量）であえ、肉団子をのせ、好みでパセリをふる。

アレンジレシピ

POINT
オレガノやバジルを加えても。

600W 6分

肉と魚

ガリブタ炒めず

タレだけでご飯がすすみます
肉は豚こまでもOK！

a

材料（1人分）

豚バラ薄切り肉
（4〜5cm幅）……120g
長ねぎ（斜め薄切り）
……⅓本
しょうゆ……大さじ1
みりん……大さじ1
酒……小さじ1
うまみ調味料……2ふり

おろしにんにく
……½片分
バター……10g
塩・こしょう……各少々

作り方

耐熱容器にすべての
材料を入れ、ラップ
をして（a）レンジで3
分30秒加熱する。

600w **3**分**30**秒

POINT 肉は1枚ずつはがしながら入れて。

豚バラ大根

煮込まないのに、あまりにもおいしい

材料（1〜2人分）

大根（皮つきで5mm幅のいちょう切り）
……160g
酒……小さじ2
A 豚バラ薄切り肉（4〜5cm幅）……120g
　麺つゆ……大さじ1½
　ごま油……大さじ½

作り方

耐熱容器に大根と酒を入れ、ラップをして（a）レンジで5分加熱する。Aを加え、再びラップをして（b）3分加熱する。好みで万能ねぎを散らす。

600W 8分

POINT　大根は皮つきで切ると食感もよい。

ホイコーロー風

ご飯のおともにも、酒のつまみにも!

a

b

キャベツ
たっぷり

材料(1〜2人分)

キャベツ(一口大にちぎる)……150g
豚バラ薄切り肉(4〜5cm幅)……120g
A おろしにんにく……1/2片分
　みそ……小さじ2
　酒……大さじ1
　麺つゆ……大さじ1 1/2
こしょう……少々

作り方

耐熱容器に豚肉を入れ、**A**を加えてもみ込む(**a**)。キャベツを加え、こしょうをふる。ラップをして(**b**)レンジで4分30秒加熱する。

ホイコーロー丼
ご飯の上にホイコーロー風をのせ、マヨネーズをかけ、七味唐辛子をふる。

アレンジレシピ

POINT
仕上げにラー油をたらしても。

600W 4分30秒

豚バラと長ねぎの ポン酢がけ

素材の力だけで勝負。爆速で完成！

材料（1人分）

豚バラ薄切り肉（4〜5cm幅）……100g
長ねぎ（斜め薄切り）……1本
ポン酢しょうゆ……適量

作り方

耐熱性の平皿に長ねぎを並べ、豚肉を1枚ずつはがして上にのせる。ラップをして(a)レンジで2分30秒〜3分、肉に火が通るまで加熱する。ポン酢をかける。

600W　2分30秒〜3分

POINT 肉は重ならないように並べます。

マーボー温奴

食べれば麻婆豆腐！ 温奴がごちそうに

600W 3分30秒

材料（1人分）

- 絹ごし豆腐……150g
- A 豚ひき肉……50g
  - 水……大さじ4
  - みそ……小さじ1½
  - みりん……大さじ½
  - しょうゆ……小さじ½
  - 中華スープの素（ペースト）……小さじ⅔
  - ごま油……小さじ1
  - にんにく（粗みじん切り）……½片
  - 一味唐辛子……5ふり
- 片栗粉……小さじ⅔
- 水……少々
- 万能ねぎ（小口切り）・ラー油……各適量

作り方

耐熱容器にAを入れて混ぜ、ラップをして（a）レンジで2分30秒加熱する。水で溶いた片栗粉を加えて混ぜ、とろみをつける。豆腐は耐熱皿に入れ、ラップをせずに1分加熱する。あんをかけ、万能ねぎをのせ、ラー油をかける。

POINT 豆腐は温めず、冷たいままでもOK。

肉と魚

さばと大根の塩煮込み

さば缶のうまみを有効活用！
七味をかけてもウマいです

材料（2人分）

さば缶（水煮）……1缶（正味140g）
大根（皮つきで5mm幅のいちょう切り）
……200g
しょうが（せん切り）……5g
A 酒……大さじ1
　白だし……小さじ2
　さば缶の汁……全量
万能ねぎ（小口切り）……適量

作り方

耐熱容器に大根とAを入れ、ラップをして（a）レンジで6分加熱する。さば缶の身、しょうがを加えて再びラップをして（b）2分加熱し、万能ねぎを散らす。

600W 8分

POINT 先に大根を加熱し、味をしみ込ませます。

ぶり大根

煮込みの定番も、レンジとは思えぬ完成度

材料(2人分)

- ぶり(一口大)……180g
- 塩……少々
- 大根(皮つきで1cm幅のいちょう切り)……200g
- 酒……大さじ2
- A しょうが(せん切り)……5g
  - 麺つゆ……大さじ3
  - 砂糖……小さじ1

作り方

ぶりは塩をふって10分おき、よく洗う。耐熱容器に大根と酒を入れ、ラップをして(a)レンジで6分加熱する。ぶりとAを加え、再びラップをして(b)3分加熱する。混ぜて少しおき、味をしみ込ませる。

600W 9分

POINT ぶりは塩をふり、余分な水分や臭みを抜きます。

COLUMN 1

作りおきできる！鶏ひき肉の絶品レシピ！

お財布にやさしい鶏ひき肉を使った僕の自信作を紹介。
肉みそ、ミートソースは、アレンジにも活躍しますよ。

鹿児島の豚みそをアレンジ。麺や豆腐にも合う！

鶏肉みそ

材料（作りやすい分量）

鶏ひき肉（もも肉でも胸肉でも可）……150g
みそ……100g
砂糖……40g
しょうがのすりおろし……15g
酒……大さじ1½

作り方

耐熱容器にすべての材料を入れ、よく混ぜる。ラップをして(a)レンジで5分加熱し、混ぜて再びラップをして2分加熱する。＊冷蔵庫で5〜6日保存可能

a　600W **7**分

鶏肉の松風焼き風

材料（2〜3人分）

A 鶏ひき肉（もも肉でも胸肉でも可）……150g
　絹ごし豆腐（木綿でも可）……150g
　卵（溶きほぐす）……1個
　玉ねぎ（みじん切り）……¼個
　みそ……大さじ1
　白だし……大さじ½
　塩・こしょう……各少々
煎りごま（白）・青のり（黒ごまでも可）……各適量

作り方

耐熱容器にAを入れてよく混ぜ、表面を平らにする。ラップをして(a)レンジで8分加熱する。好みの大きさに切り分け、上にごま、青のりをふる。＊冷蔵庫で3日ほど保存可能。

a　600W **8**分

柔らかくてふわふわ！お正月にも使えます

鶏肉ミートソース

鶏肉であっさり。麺やご飯の相棒に

材料(作りやすい分量)

鶏ひき肉(もも肉でも胸肉でも可)……180g
玉ねぎ(みじん切り)……1/4個
にんにく(粗みじん切り)……1片
トマト缶(つぶす)……1/2缶(200g)
コンソメ(顆粒)……小さじ2 1/2
塩・こしょう……各少々
オリーブ油……大さじ2

作り方

耐熱容器にすべての材料を入れ、よく混ぜる(a)。ラップをせずにレンジで8分加熱し、混ぜて再び4分加熱する。＊冷蔵庫で3日ほど保存可能。

a

600W 12分

アレンジ

タコライス
ご飯にレタスのせん切り、鶏肉ミートソースをのせ、タバスコ少々をかけ、ピザ用チーズを散らす。好みでトマトケチャップやマヨネーズをかけても。

お弁当にもおすすめ！

リュウジ…この無限ピーマン無限に食べれるんですが〜？

無限ピーマンだからね

まあでもさすがにこんだけあるし無限を体験する前に胃袋が限界になるよ

胃袋は有限だから

なるほど〜実際は有限ピーマンということですね〜

でも逆に言えば胃袋を無限にしてしまえば真の無限ピーマンとなりえるわけですね〜

…ちょっと話が現実的じゃないよ775ちゃん

ガソリンの代わりに無限ピーマンで自動車を走らせたらエコですね〜

食べるのに夢中で脊髄反射で会話してるなあ

CHAPTER **3**

ほぼ1品で作れる

野菜

おかず

ニラの塩炒めず

ご飯もお酒もガンガンいける
ニラの可能性をとくと見よ!

材料(1~2人分)

ニラ(5~6cm長さ)……1束
豚ひき肉……100g
A 塩・こしょう……各少々
　白だし……大さじ1

作り方

耐熱容器にひき肉とAを入れて混ぜ、ラップをして(a)レンジで2分加熱する。肉をほぐしてニラを加え、再びラップをして(b)1分30秒加熱する。

600W　3分30秒

POINT　ニラはすぐ火が通るので、あとで加えます。

もやしの肉あんかけ

ボリュームたっぷりで、抜群のコスパ！

4分30秒

材料（1〜2人分）

- もやし……1袋（200g）
- A 豚ひき肉……100g
  - 中華スープの素（ペースト）……小さじ1
  - しょうゆ……小さじ2
  - 砂糖……小さじ1弱
  - 酒……大さじ2
  - 黒こしょう……適量
- 片栗粉……小さじ2
- 水……大さじ1
- 万能ねぎ（小口切り）……適量
- ラー油……適量

作り方

耐熱容器にAを入れて混ぜ、もやしを加え、ラップをして（a）レンジで4分30秒加熱する。水で溶いた片栗粉を混ぜてとろみをつけ、万能ねぎをのせ、ラー油をかける。

POINT 好みでラー油をごま油に替えても。

野菜

白だしバターなめたけ

コクがたまらない。
ご飯も酒もエンドレス！

材料（2人分）

えのきだけ（根元を切り落として3等分）
……1袋（約150g）
白だし……大さじ1½
バター……20g

作り方

耐熱容器にすべての材料を入れ、ラップをして(a)レンジで2分30秒加熱する。好みで万能ねぎをのせる。

600W　2分30秒

POINT　丼にしてしょうゆをたらしても。

ほうれん草の バター炒めず

つまみにも副菜にもなる、優秀おかず

材料(1～2人分)

- ほうれん草(3～4cm幅)……100g
- ベーコン(細切り)……40g
- にんにく(薄切り)……1片
- バター……10g
- コンソメ(顆粒)……小さじ2/3

作り方

耐熱容器にすべての材料を入れ、ラップをして(a)レンジで2分30秒～3分、火が通るまで加熱する。好みで黒こしょうをふる。

600W　2分30秒～3分

POINT しょうゆを少したらしてもウマイ。

野菜

ホクホクしらすポン酢アボカド

アボカドの究極の食べ方を伝授します

材料(2人分)

アボカド(半分に切って種を取る)……1個
しらす……20g
万能ねぎ(小口切り)……適量
ポン酢しょうゆ……適量
ラー油……適量

作り方

耐熱容器にアボカドを入れ、ラップをしてレンジで1分30秒加熱する。しらすと万能ねぎをのせ、ポン酢とラー油をかける。

600W 1分30秒

POINT レンチンでアボカドが柔らかくなります。

バタポン酢しめじ

きのこのプリッとした食感をお試しあれ

材料（1〜2人分）

しめじ（石づきを切り落としてほぐす）
……1株（100g）
ポン酢しょうゆ……大さじ2
バター……10g
塩・こしょう……各適量

作り方

耐熱容器にしめじを入れてポン酢をかけ、バターをのせる。ラップをして(a)レンジで2分30秒加熱し、塩、こしょうをする。

600W 2分30秒

POINT 好みで万能ねぎを散らしても。

野菜

ガーリック
パンプキンサラダ

ガツンとパンチのきいた酒飲みの味!

600W 5分

材料(2人分)

かぼちゃ(適当な大きさに切る)
……250g
玉ねぎ(薄切り)……1/4個
ハム(角切り)……4枚(40g)
A マヨネーズ……大さじ4
　コンソメ(顆粒)……小さじ1
　おろしにんにく……小1片分
　塩……少々
　黒こしょう……たっぷり

作り方

かぼちゃはラップで包んでレンジで2分加熱し、ひっくり返して2分加熱する。玉ねぎは耐熱容器に入れ、ラップをして1分加熱する。かぼちゃ、ハムを加えて少し冷まし、Aを加えて(a)フォークでかぼちゃをつぶしながら混ぜる。好みでパセリをふる。

POINT　にんにくを入れずに作ってもOK。

ノンオイルポテサラ

温かくても、冷やしてもウマイ

卵＋酢でマヨ風味に！

600W 8分30秒

a

材料（2人分）

A じゃがいも（皮をむいて一口大）
　……250g（正味）
　水……大さじ2

B 卵……2個
　ハム（細切り）
　……4枚（40g）
　玉ねぎ（薄切り）
　……1/4個

C 酢……大さじ2
　砂糖……小さじ2
　塩……小さじ1/2
　うまみ調味料
　……6ふり
　黒こしょう
　……適量
　練りからし
　……小さじ1強

作り方

耐熱容器にAを入れ、ラップをしてレンジで6分加熱する。Bを加えて卵を軽くほぐし、再びラップをして(a)2分30秒加熱する。粗熱を取ってCを加え、いもをつぶしながら混ぜる。

POINT 余ったら冷蔵庫で2〜3日保存できます。

野菜

れんこん磯辺サラダ

マヨとのりの風味で、箸が止まらない！

材料（2人分）

A れんこん（皮つきで5mm幅の半月切り）
　……130g
　白だし……大さじ1弱
マヨネーズ……大さじ2
あおさのり（または青のり）……適量

作り方

耐熱容器にAを入れ、ラップをして（a）レンジで3分加熱する。粗熱を取り、マヨネーズを加えてあえ、のりをかける。

600W 3分

POINT れんこんを加熱しながら、だしを含ませます。

ツナマヨオニオンサラダ

メチャ簡単。玉ねぎの消費にどうぞ

材料（1〜2人分）

玉ねぎ（上下を切り落として皮をむく）
……1個（200g）
A マヨネーズ……大さじ1½
　白だし……小さじ1強
　ツナ缶（油をきる）……½缶（35g）
　塩・こしょう……各少々

作り方

玉ねぎをラップで包み（a）、レンジで5分加熱する。8等分に切って容器などに入れ、Aを加えて混ぜる。好みで七味唐辛子をかける。

600W 5分

POINT 丸ごと蒸すと甘みが増します。

野菜

オクラのチーズおかか

チーズのコクがくせになる！

材料（1人分）

オクラ……5本
粉チーズ……適量
削り節……適量
麺つゆ……適量

作り方

耐熱容器にオクラを入れ、ラップをして（a）レンジで1分30秒加熱する。粉チーズ、削り節、麺つゆをかける。

600W 1分30秒

POINT　チーズと削り節はたっぷりどうぞ。

オクラの小えびしょうゆ

えびの香ばしさがアクセント

材料（1人分）

オクラ（軸を切り落として小口切り）……5本
A　しょうゆ……小さじ1
　　小えび（乾燥）……3g
　　うまみ調味料……1ふり
　　オリーブ油……小さじ2
　　黒こしょう……少々

作り方

耐熱容器にオクラを入れ、ラップをして（a）レンジで1分30秒加熱する。Aを加えてあえる。

600W 1分30秒

POINT　小えびは桜えびでもOKです。

ブロボナーラ

とろとろの卵ソースでカルボ風に

材料（1～2人分）

- A ブロッコリー（小房に切り分ける）……1株
  - ベーコン（細切り）……30g
  - 塩……少々
- B 卵（溶きほぐす）……1個
  - コンソメ（顆粒）……小さじ1
- 粉チーズ……たっぷり
- 黒こしょう……少々

作り方

耐熱容器にAを入れ、ラップをして(a)レンジで2分30秒加熱する。混ぜたBをまわしかけ、ラップをせずに50秒～1分、卵が半熟状になるまで加熱する。粉チーズと黒こしょうをふる。

600W 3分20～30秒

POINT 卵は様子を見ながら加熱して。

ピリ辛無限ブロッコリー

おいしすぎて、モリモリ食べちゃう

材料（2人分）

- A ブロッコリー（小房に切り分ける）……1株
  - 麺つゆ……大さじ2
  - 赤唐辛子（輪切り）……1本
- ごま油……小さじ2
- 塩……少々
- 煎りごま（白）……少々

作り方

耐熱容器にAを入れ、ラップをして(a)レンジで3分加熱する。ごま油、塩を加えて混ぜ、ごまをふる。

600W 3分

POINT 冷めても、より味がしみてウマイ。

なすの煮浸し

長く浸すほど、味がしみ込む

材料（1～2人分）

なす……3本
A 麺つゆ……大さじ3
　水……大さじ2
　砂糖……小さじ1/2
　しょうがのすりおろし……5g

作り方

なすは1本ずつラップで包み(a)、レンジで4分加熱する。粗熱が取れたら縦半分に裂き、混ぜたAに浸し、30分以上おく。

600W 4分

POINT 冷めるときに味が入っていきます。

なすのユッケ

ご飯にのせて丼にしてもウマい！

材料（1人分）

なす……2本
A 焼肉のたれ……大さじ1強
　みそ……小さじ1
　ごま油……小さじ1/2
　うまみ調味料……1ふり
　塩……少々
B 卵黄……1個分
　煎りごま（白）……少々
　万能ねぎ（小口切り）……少々
ラー油……適量

作り方

なすは1本ずつラップで包み(a)、レンジで3分加熱する。冷水で冷やし、へたをちぎって縦に細かく裂く。混ぜたAとあえ、Bをのせてラー油をかける。

600W 3分

POINT 辛いのが好きな方は一味唐辛子を混ぜても。

無限ピーマン

丸ごと蒸すと柔らかくてジューシー！

材料（1人分）

ピーマン……3個
A ツナ缶（油をきる）
　……1/2缶（35g）
　塩……少々
　うまみ調味料……3ふり
　こしょう……少々
　ごま油……小さじ2

作り方

ピーマンを耐熱容器に入れ、ラップをして(a)レンジで4分加熱する。Aを加えてあえる。

600W 4分

POINT レンチンでピーマンの苦味が和らぎます。

ピーマンチーズ詰め

ピザソースや、削り節＆麺つゆも合うよ

材料（1人分）

ピーマン……3個
ピザ用チーズ……適量
焼肉のたれ……適量
黒こしょう……適量

作り方

ピーマンは縦に切り込みを入れ（種は取らないでOK）、中にチーズを詰める。耐熱容器に入れ、ラップをして(a)レンジで3〜4分加熱する。焼肉のたれ、黒こしょうをかける。

600W 3〜4分

POINT ピーマンの大きさにより加熱時間を調整してください。

野菜

にんじんの酒蒸しバター

いもみたいに、甘くてホクホク！

材料（1〜2人分）

A にんじん（皮つきで大きめの乱切り）……200g
　酒……大さじ1½
　コンソメ（顆粒）……小さじ1
　塩……少々
バター……10g

作り方

耐熱容器にAを入れ、ラップをして(a)レンジで5分加熱する。バターを加えて混ぜる。

600W 5分

POINT 大きめに切ると食べ応えが出ます。

にんじんのたらこあえ

お弁当のおかずに！酒もすすむ

材料（1〜2人分）

A にんじん（せん切り）……150g
　たらこ（皮をはずしてほぐす）……30g
　白だし……小さじ1
　酒……小さじ2
ごま油……小さじ2
塩……少々

作り方

耐熱容器にAを入れ、ラップをして(a)レンジで3分加熱する。ごま油、塩を加えて混ぜる。

600W 3分

POINT 塩の量は好みで加減してください。

アスパラのナムル

シンプルだけど、やみつきになる

材料（1人分）

アスパラガス（根元から4cmほどをピーラーでむき、斜め薄切り）……4本
A 塩……小さじ1/5
　うまみ調味料……3ふり
　ごま油……小さじ2
煎りごま（白）……少々

作り方

耐熱容器にアスパラを入れ、ラップをして(a)レンジで2分加熱する。Aを加えてあえ、ごまをかける。

600W 2分

POINT　根元側は筋っぽいので皮をむいて。

アスパラの温泉卵のせ

日本一おいしいアスパラの食べ方！

材料（1人分）

アスパラガス……大3本（110g）
A 卵……1個
　水……大さじ4
B 塩……少々
　粉チーズ・黒こしょう……各適量
オリーブ油……適量

作り方

深さのある耐熱容器にAを入れ、黄身に楊枝で穴をあける。ラップをせずにレンジで1分加熱し、水を捨て、しばらくおくと温泉卵になる(a)。アスパラをまとめてラップで包み、2分30秒加熱する。Bをかけて温泉卵をのせ、オリーブ油をかける。

600W 3分30秒

POINT　爆発防止で黄身に穴をあけます。

COLUMN 2

お弁当にぴったり！
冷凍食品のアレンジレシピ！

市販の冷凍食品に、ひと手間加えるだけで立派な1品に。
お弁当はもちろん、夕飯のおかずや、おつまみにも使えますよ。

抜群の食べ応え！
タルタルソースもレンジにお任せ

チキン南蛮

材料（1〜2人分）

冷凍から揚げ……7個（約150g）
卵……1個
A マヨネーズ……大さじ2½
　塩・こしょう……各少々
B ポン酢しょうゆ……大さじ1½
　砂糖……小さじ1

作り方

耐熱容器に卵を入れて溶きほぐし、ラップをして(a)レンジで1分加熱する。粗熱を取り、Aを加えて(b)混ぜ合わせる（タルタルソース）。別の耐熱容器にBを入れて混ぜ、冷凍から揚げを加える(c)。ラップをせずに、から揚げの袋の表示時間に1分プラスして加熱する。から揚げにたれをからめ、タルタルソースをのせる。

a

b

c

えびマヨの味を
限りなく再現！
あえるだけだから
超簡単

えびマヨ
シュウマイ

材料（1人分）

冷凍えびシュウマイ……4個（約130g）
A マヨネーズ……大さじ2
　トマトケチャップ……小さじ2
　砂糖……小さじ1/2
万能ねぎ（小口切り）……適量
黒こしょう……適量

作り方

冷凍えびシュウマイは、袋の表示通りにレンジで加熱する。**A**を容器に入れて混ぜ、えびシュウマイを加えて（a）あえる。万能ねぎを散らし、黒こしょうをふる。

味変で劇的なウマさ！

油そばって私すごい好きなんですけどお店とかでは頼みにくいんですよね〜

ほら?なんていうか字面が…

ガッツリ系な雰囲気あるネーミングだもんね

じゃあどんな名前なら頼みやすいの?

そうですねー

汁なしそばとか?

なるほど確かにすごい逆にヘルシーな感じすら漂うね

これなら男の人がいる前でオーダーしても恥ずかしくないです

たしかにたしかに

って言いながら油そば3杯目を頬張ってるよ

なるほどねー

僕一応男だよ?

CHAPTER **4**

ヘルシー
なのに
豪華なおかず

鶏胸肉とキャロットラペのマリネ

ヘルシーな洋風マリネ これ1品で大満足!

うまみが野菜にしみ込む a

材料(1~2人分)

鶏胸肉……1枚(300g)
にんじん(皮つきで細いせん切り)
……2/3本(100g)
A 塩……小さじ1/2
　砂糖……小さじ1/2
　黒こしょう……少々
B 酢……大さじ3弱
　オリーブ油……大さじ2弱
　砂糖……小さじ2
　うまみ調味料……4ふり
　塩・こしょう……各適量

作り方

鶏肉はフォークで全体を刺し、**A**をすり込む。耐熱容器ににんじん、鶏肉の順に入れ、ラップをして(a)レンジで5分加熱する。レンジの中に10分おいて余熱で火を通す。肉をスライスして容器に戻し、**B**を加えて混ぜ、冷蔵庫で冷やす。好みでパセリ、黒こしょうをかける。

POINT 好みでマスタードを加えても。

600w 5分

鶏酢豆腐

ヘルシー

甘酸っぱいたれが、食欲をそそります

材料（1～2人分）

- 絹ごし豆腐（適当な大きさにくずす）……150g
- 鶏もも肉（小さめの一口大）……100g
- 長ねぎ（小口切り）……1/4本
- しょうが（みじん切り）……5g
- しょうゆ……大さじ1強
- 砂糖……大さじ1/2
- 酢……小さじ2
- ごま油……小さじ1
- うまみ調味料……3ふり

作り方

耐熱容器にすべての材料を入れ、ラップをして（a）レンジで3分加熱する。好みで万能ねぎ、ラー油、七味唐辛子をかける。

600W 3分

POINT 豆腐は厚揚げでもおいしいです。

鶏胸肉と白菜の塩蒸し

しっとり、柔らかい胸肉を堪能せよ
白菜の水分で蒸すだけ！

材料(2人分)

鶏胸肉……1枚(300g)
白菜(ざく切り)……200g
塩……小さじ1/3

作り方

鶏肉はフォークで全体を刺し、塩をすり込む。耐熱容器に白菜、鶏肉の順に入れ、ラップをして(a)レンジで6分30秒加熱する。レンジの中に5分おいて余熱で火を通す。肉をスライスし、好みで万能ねぎを散らす。

600W 6分30秒

POINT 塩やポン酢しょうゆをかけてどうぞ。

ヘルシー

ケランチム

ふわトロ食感がウマい、韓国の茶碗蒸し

材料（1人分）

- A 卵（溶きほぐす）……1個
  - 水……120ml
  - 白だし……大さじ1強
- B かに風味かまぼこ（ほぐす）
  - ……3本（20g）
  - 万能ねぎ（小口切り）……大さじ2
- ごま油……適量

作り方

耐熱性の器にAを入れて混ぜ、Bを加える（a）。ラップをせずにレンジで1分30秒加熱し、混ぜて再び1分加熱する。ごま油を加えて混ぜ、再び50秒加熱する。

600W 3分20秒

POINT 卵がかたまるまで少しずつ加熱します。

白滝アラビアータ

低糖質なスープパスタ風プリプリの白滝が最高！

材料(1人分)

A 白滝(ぬるま湯で洗い、水気をよく絞る)……200g
　ベーコン(細切り)……40g
　玉ねぎ(薄切り)……1/8個
　にんにく(粗みじん切り)……1片
　オリーブ油……大さじ1
　コンソメ(顆粒)……小さじ2弱
　塩・こしょう……各少々
トマト缶(つぶす)……1/2缶(200g)
赤唐辛子(輪切り)……1本

作り方

耐熱容器にAを入れ(a)、トマト缶、赤唐辛子を加え(b)、ラップをせずにレンジで6分加熱する。好みでパセリをふる。

600W 6分

POINT 白滝はぬるま湯で洗って臭みを取ります。

ヘルシー

もやしカルボナーラ

シャキシャキのもやしが主役！
これだけで腹がふくれます

a

材料（1～2人分）

A もやし……200g
　ベーコン
　（細切り）……50g
　にんにく（粗みじ
　ん切り）……1片
　コンソメ（顆粒）
　……小さじ1
　塩……少々

卵（溶きほぐす）
……1個
粉チーズ
……大さじ2
黒こしょう
……適量

作り方

耐熱容器にAを入れ、ラップをしてレンジで3分30秒加熱する。卵とチーズを加えて混ぜ（a）、ラップをせずに30～40秒、卵がソース状になるまで加熱し、黒こしょうをふる。

600w **4**分～**4**分**10**秒

POINT 卵の状態を見ながら加熱時間を調整。

86

豆乳明太クリーム豆腐

間違いない組み合わせ。つまみや夜食に

a

材料(1人分)

絹ごし豆腐(木綿でも可)……150g
明太子(皮をはずしてほぐす。たらこでも可)
……15g
A 豆乳(無調整)……大さじ5
　白だし……大さじ1弱
　バター……5g
万能ねぎ(小口切り)・黒こしょう……各適量

作り方

耐熱性の器に豆腐とA を入れ(a)、ラップをせずにレンジで3分加熱する。明太子をのせ、万能ねぎ、黒こしょうをかける。

600W 3分

POINT バターを加えることでコクアップ。

ヘルシー

きのことえびの和ヒージョ

おうちでバル気分！本格アヒージョ

えびは最後にのせて

a

材料
（直径13cm、深さ4.5cmの耐熱皿1個分／1〜2人分）

えび（洗って背わたを取る。むきえびでも可）……3尾（100g）
しめじ（石づきを切り落としてほぐす）……1株（100g）
にんにく（叩いて割り、2〜3等分）……3片
オリーブ油……大さじ6
白だし……大さじ1弱
塩……少々
赤唐辛子（輪切り）……1本

作り方
耐熱皿にすべての材料を入れ（a）、ラップをせずに具材に火が通るまでレンジで4〜5分加熱する。好みでパセリをふる。

POINT 取り出すときは火傷に注意して。

600W 4〜5分

春雨ペペロンチーノ

ヘルシー

パスタよりヘルシー！ 主食にも、つまみにも

600W 3分30秒

材料（1〜2人分）

春雨（乾燥。容器に入れやすいよう水に濡らして柔らかくする）……35g
A　ツナ缶（油をきる）
　　……1/2缶（35g）
　　長ねぎ（斜め薄切り）
　　……1/2本
　　にんにく（粗みじん切り）
　　……1片
水……120ml
コンソメ（顆粒）
……小さじ1
塩……少々
赤唐辛子（輪切り）
……1本
オリーブ油
……小さじ2

作り方

耐熱容器にAと春雨を入れ、ラップをして(a)レンジで3分30秒加熱する。赤唐辛子を混ぜ、オリーブ油をかける。

POINT カットタイプの春雨は水に濡らさなくてOK。

こんにゃくとベーコンの塩煮込み

低カロリーで罪悪感なし。煮汁もウマい

材料（2人分）

A こんにゃく（アク抜きしたもの。5mm幅に切る）
　　……100g
　 ベーコン（細切り）……50g
　 白だし……大さじ1
　 水……70ml
黒こしょう……適量

作り方

耐熱容器にAを入れ、ラップをして(a)レンジで2分加熱する。黒こしょうをふる。

600W 2分

POINT ベーコンから、いいだしが出ます。

CHAPTER 5

麺とご飯

手間が少ないのにがっつり！

麺とご飯

フォルマッジョパスタ

牛乳とチーズだけで、濃厚なクリームパスタ

パスタは半量ずつクロスさせる

a

b

c

材料（1人分）

- A スパゲッティ（半分に折る）……100g（1.4mm、ゆで時間が5〜6分のもの）
  - 水……180ml
  - 塩……2つまみ
  - コンソメ（顆粒）……小さじ1強
  - バター……10g
- 牛乳……120ml
- ピザ用チーズ……50g
- 黒こしょう……適量

作り方

耐熱容器にAを入れ（a）、ラップをせずにレンジで6分加熱する。牛乳を加えて（b）再び4分加熱し、チーズを加えて（c）混ぜ、黒こしょうをふる。熱いうちに食べる。

POINT
Aとともにベーコンやブロッコリーを入れても。

600W 10分

ペンネでアラビアータ

おしゃれパーティーにも、もってこい！

600W 13分

材料（1人分）

- A ペンネ……60g
  （ゆで時間が9分のもの）
  オリーブ油……大さじ1
  水……120ml
  塩……少々
  コンソメ（顆粒）……小さじ1½
  赤唐辛子（輪切り）……1本
  にんにく（粗みじん切り）……1片
  ベーコン（細切り）……40g
  玉ねぎ（薄切り）……⅛個
- トマト缶（つぶす）……½缶（200g）

作り方

耐熱容器にAを入れ（a）、トマト缶を加える。ラップをせずにレンジで10分加熱し、混ぜて再び3分加熱する。好みでパセリを散らす。

POINT 赤唐辛子の量で好みの辛さに。

アマトリチャーナ・ビアンコ

本格パスタをレンジで手軽に！チーズでガッツリ食べます

材料（1人分）

A ペンネ……60g（ゆで時間が9分のもの）
オリーブ油……大さじ1
水……200ml
塩……少々
コンソメ（顆粒）……小さじ1
にんにく（粗みじん切り）……1片
ベーコン（細切り）……40g
玉ねぎ（薄切り）……1/8個

粉チーズ……大さじ2
黒こしょう……適量

作り方

耐熱容器にAを入れ（a）、ラップをせずにレンジで11分加熱する。粉チーズを加えて（b）混ぜ、黒こしょう、粉チーズ（分量外）をふる。

600w **11**分

POINT 好みできのこを入れてもウマい。

たらこレモンバターパスタ

麺とご飯

パスタをレンチンしてあえるだけ
レモンであと味スッキリ！

600W 10分

材料（1人分）

A スパゲッティ（半分に折る）……100g（1.4mm、ゆで時間が5〜6分のもの）
水……260ml
白だし……小さじ1½
塩……少々

B たらこ（皮をはずしてほぐす）……30g
しょうゆ・レモン汁……各小さじ1弱
バター……15g

刻みのり・万能ねぎ（小口切り）……各適量

作り方

耐熱容器に**A**を入れ、ラップをせずにレンジで10分加熱する。**B**を加えて混ぜ合わせ（a）、刻みのり、万能ねぎをのせる。

POINT たらこの代わりに明太子でもOK。

きこり風パスタ

きのこのプリプリ感が、たまりません

600w 11分

材料(1人分)

- A スパゲッティ(半分に折る)
  ……100g (1.4mm、ゆで時間が5〜6分のもの)
  オリーブ油……大さじ1
  水……180ml
  塩……2つまみ
  トマト缶(つぶす)
  ……1/2缶(200g)
  玉ねぎ(薄切り)
  ……1/8個
  しめじ(石づきを切り落としてほぐす)
  ……1/2株(50g)
  ツナ缶(油をきる)
  ……1/2缶(35g)
  コンソメ(顆粒)
  ……小さじ2
  こしょう……少々

作り方

耐熱容器にAを上から順に入れ、ラップをせずにレンジで8分加熱し、混ぜて再び3分加熱する。よく混ぜ、こしょうをふる。

POINT 他のきのこでも可。ミックスしても。

麺とご飯

コンビーフの
レモンカルボナーラ

濃厚なコンビーフが、レモンでさっぱり！

600W 10分

材料(1人分)

A スパゲッティ(半分に折る)
　……100g(1.4mm、ゆで時間が5〜6分のもの)
　オリーブ油
　……小さじ2
　水……280ml
　レモン汁……小さじ1
　塩……2つまみ
　コンソメ(顆粒)
　……小さじ1強
　コンビーフ(ちぎる)
　……1/2缶(50g)
バター……10g
卵(溶きほぐす)……1個
粉チーズ……大さじ2
黒こしょう・パセリ
(刻む)……各適量

作り方

耐熱容器にAを入れ(a)、ラップをせずにレンジで10分加熱する。バターを混ぜ、卵、粉チーズを加えて(b)混ぜ合わせる。黒こしょう、パセリをふる。

POINT 卵は最後に混ぜ、余熱で半熟に。

ボロネーゼ

隠し味のみそが決め手！
煮込まなくても、深みのある味に

600W 11分

材料(1人分)

A スパゲッティ(半分に折る)
　……100g (1.4mm、ゆで時間が5〜6分のもの)
　オリーブ油……小さじ2
　玉ねぎ(みじん切り)
　……1/8個
　にんにく(みじん切り)
　……1片
　合いびき肉……80g

B トマト缶(つぶす)
　……1/4缶(100g)
　コンソメ(顆粒)
　……小さじ1 1/2
　みそ……小さじ1
　塩・こしょう……各少々
　水……210ml

C バター……10g
　粉チーズ……大さじ1

作り方

耐熱容器にA、Bを順に入れ(a)、ラップをせずにレンジで8分加熱する。混ぜて再び3分加熱し、Cを混ぜ、好みで黒こしょう、パセリをふる。

POINT チーズ好きの方は追いチーズ推奨！

超濃厚アボカルボ

麺とご飯

これアカン、恐ろしいほどコクウマ……

600W 10分

材料(1人分)

- **A** スパゲッティ(半分に折る)……100g(1.4mm、ゆで時間が5〜6分のもの)
  - オリーブ油……小さじ2
  - 水……250ml
  - 塩……少々
  - コンソメ(顆粒)……小さじ1強
  - ベーコン(細切り)……40g
- バター……10g
- **B** アボカド(スプーンで一口大にすくう)……1/2個
  - 卵黄……1個分
  - おろしにんにく……少々
- 粉チーズ・黒こしょう……各適量

作り方

耐熱容器に**A**を入れ、ラップをせずにレンジで10分加熱する。バターを混ぜ、**B**を加えて(**a**)あえる。粉チーズ、黒こしょうをかける。

POINT 混ぜるとアボカドがつぶれてソース状に。

さば缶のラグー

さばのうまみでレストラン並みの高級感！

600W 11分

材料（1人分）

- A スパゲッティ（半分に折る）……100g（1.4mm、ゆで時間が5〜6分のもの）
  - オリーブ油……大さじ1
  - 水……170ml
  - にんにく（粗みじん切り）……1片
  - 玉ねぎ（薄切り）……1/4個
  - コンソメ（顆粒）……小さじ2
  - トマト缶……1/2缶（200g）
  - さば缶（水煮）……1/2缶（75g）
  - さば缶の汁……大さじ1
  - 塩・こしょう……各少々
- 黒こしょう・オリーブ油……各適量

作り方

耐熱容器にAを入れ（a）、ラップをせずにレンジで8分加熱し、混ぜて再び3分加熱する。黒こしょう、オリーブ油をかける。

POINT オレガノを加えるとより本格的に。

麺とご飯

ぺぺたま

ペペロンチーノに卵をミックス！福岡発祥、新感覚の味

600W 10分 10~20秒

材料（1人分）

A スパゲッティ（半分に折る）……100g（1.4mm、ゆで時間が5～6分のもの）
　オリーブ油……小さじ2
　水……240ml
　白だし……大さじ1½
　にんにく（粗みじん切り）……2片
　赤唐辛子（輪切り）……1本
　塩……1つまみ
　バター……8g
卵（常温にして溶きほぐす）……2個

作り方

耐熱容器にAを入れ、ラップをせずにレンジで10分加熱する。熱いうちに溶き卵を混ぜ、卵が半熟状になるまで様子を見ながら10～20秒加熱する。好みでパセリをかける。

POINT 卵を入れたら少しずつ加熱して。

鶏とごぼうの和風麺つゆパスタ

ごぼうの歯応えが、いい仕事します

a

材料(1人分)

- A スパゲッティ(半分に折る)……100g (1.4mm、ゆで時間が5~6分のもの)
  オリーブ油……大さじ1
  水……240ml
  麺つゆ……大さじ2
  ごぼう(皮つきで斜め薄切り)……40g
- 鶏もも肉(小さめの一口大)……80g
- 七味唐辛子……適量

作り方

耐熱容器にAを入れ(a)、ラップをせずにレンジで10分加熱する。七味唐辛子をふる。

600w 10分

POINT ごぼうの香りと食感が味の決め手。

麺とご飯

ネギ塩ダレうどん

とろとろのタレが絶品。軽く悶絶します

a

b

うどんは一番上に

材料（1人分）

冷凍うどん……1玉（200g）
A 長ねぎ（小口切り）……½本
　鶏もも肉（小さめの一口大）……80g
　中華スープの素（ペースト）
　……小さじ1弱
　酒……大さじ1
　塩……1つまみ
　黒こしょう……適量
ごま油……小さじ1

作り方

耐熱容器にAを入れ（a）、うどんをのせ、ラップをする（b）。レンジで6分加熱し、ごま油をかけて混ぜる。

POINT
鶏肉は火が通りやすいよう小さめに。

600W 6分

麺とご飯

豆乳明太クリームうどん

明太パワー、恐るべし
生クリームなしでも濃厚！

材料（1人分）

冷凍うどん
……1玉（200g）
明太子（皮をはずしてほぐす）……25g
A 豆乳（無調整）
……140ml
白だし
……大さじ1
バター……10g

万能ねぎ
（小口切り）……少々
粉チーズ
……たっぷり
黒こしょう……少々

作り方

耐熱容器にAを入れ（**a**）、うどんをのせ、ラップをして（**b**）レンジで4分30秒加熱する。明太子と万能ねぎをのせ、粉チーズと黒こしょうをかける。

600w **4**分**30**秒

POINT 卵黄を入れるとカルボナーラ風に。

108

かつおぶしMAX 焼きうどん

焼いていないけど、メチャウマ！
たっぷりの削り節で味つけ

材料（1人分）

冷凍うどん
……1玉（200g）
キャベツ（ちぎる）
……80g
豚こま切れ肉
……80g
A しょうゆ
│ ……小さじ2

ウスターソース
……小さじ2
うまみ調味料
……3ふり
塩・こしょう
……各少々
削り節……2g
青のり……少々

作り方

耐熱容器にキャベツ、豚肉、**A**を順に入れ（**a**）、うどんをのせる。ラップをして（**b**）レンジで7分加熱し、削り節を混ぜる。青のりをかけ、好みで紅しょうがを添える。

600w **7**分

POINT 辛味が欲しい方は七味をふって。

109

麺とご飯

冷たいうどん白あえ

さっぱり、ヘルシー路線！
暑い日にも、つるっと食べられる

材料（1人分）

- 冷凍うどん……1玉（200g）
- A 絹ごし豆腐……150g
- 　 白だし……大さじ1½
- 万能ねぎ（小口切り）……5cm
- ラー油……適量

作り方

冷凍うどんは袋の表示通りにレンジで加熱（2分30秒〜3分が目安）して水で冷やす。容器にAを入れて豆腐をくずしながら混ぜ、うどんを加えて(a)あえる。万能ねぎをのせ、ラー油をかける。

600W　2分30秒〜3分

POINT 豆腐を温め、温うどんで食べても。

カレーうどん

バターでコク出し。間違いないおいしさ

材料(1人分)

冷凍うどん……1玉(200g)
A 豚こま切れ肉……80g
　玉ねぎ(薄切り)……1/8個
　おろしにんにく……1/2片分
　水……140ml
　白だし……大さじ1弱
　塩・こしょう……各少々
　砂糖……小さじ1/2
　カレールウ……1片
　バター……5g

作り方

耐熱容器にAを入れ(a)、うどんをのせ、ラップをして(b)レンジで6分30秒加熱する。よく混ぜてルウを溶かし、好みで万能ねぎを散らす。

600W 6分30秒

POINT ルウがダマになるのでよく混ぜて。

麺とご飯

焼きそば麺で油そば

カップ麺並みに簡単で非常識なウマさ!

麺に調味料をかける

a

材料(1人分)

A 焼きそば麺……1袋(150g)
　焼肉のたれ……大さじ1弱
　しょうゆ……大さじ1弱
　ごま油……大さじ1弱
　酢……大さじ1/2
　うまみ調味料……2ふり
卵黄……1個分
万能ねぎ(小口切り)……適量

作り方

耐熱容器にAを入れ、ラップをして(a)レンジで2分加熱する。混ぜて卵黄をのせ、万能ねぎを散らす。

POINT
ラー油、マヨ、こしょうを好みで。

600W 2分

麺とご飯

焼かないタレ焼きそば

味つけは焼肉のタレで！
家計にやさしいレシピです

材料（1人分）

焼きそば麺……1袋(150g)
もやし……100g
ハム（細切り）……4枚
焼肉のたれ……大さじ3
ごま油……小さじ1
黒こしょう・青のり……各適量

作り方

耐熱容器に麺、もやし、ハム、焼肉のたれの順に入れ、ラップをする（a）。レンジで3分30秒加熱し、ごま油をかけて混ぜ、黒こしょうと青のりをふる。

600W 3分30秒

POINT 仕上げにごま油で風味をアップ。

うま塩油そば

香り高くてヤバイ。背徳の味がします

材料(1人分)

焼きそば麺……1袋(150g)
A にんにく(みじん切り)……1片
　酒……小さじ2
　みりん……小さじ2
　白だし……大さじ1½
ごま油……大さじ1
卵黄……1個分
万能ねぎ(小口切り)・ラー油……各適量

作り方

耐熱容器にAを入れ(a)、ラップをせずにレンジで1分加熱する。麺、ごま油を加え、ラップをして(b)再び2分加熱する。よく混ぜ、卵黄と万能ねぎをのせ、ラー油をかける。

600W 3分

POINT 酢やマヨ、柚子こしょうを加えても。

麺とご飯

パエリア

**マジで笑えるほど
パエリアでした**

調味料を
混ぜたら
具材を
加えて

a

b

材料（2人分）

米……1合
A 玉ねぎ（みじん切り）……1/4個
　にんにく（みじん切り）……1片
　コンソメ（顆粒）……小さじ1強
　塩……小さじ1/4
　酒……大さじ1
　オリーブ油……大さじ1
　水……250ml
　ターメリック（あれば）……小さじ1/3
鶏もも肉（一口大）……100g
ピーマン（種を取って縦に8等分）……1個

作り方

耐熱容器に米を洗わずに入れ、Aを加えて混ぜる。鶏肉、ピーマンを加え（a）、ラップをせずにレンジで15分加熱する（b）。よく混ぜて少し蒸らし、好みでオリーブ油、黒こしょうをかける。

＊ご飯はややかための仕上がり。柔らかめが好みだったら、水の量を増やし、加熱時間を長めに調整して。

POINT
ターメリックは
サフラン代わり。

600W **15**分

麺とご飯

トマトの
オリーブオイルリゾット

「カップスープ」を混ぜるだけ！好みで粉チーズをかけて

600W 3分

材料（1人分）

ご飯（温かいもの）……200g
「カップスープ」
（「太陽が香る真っ赤な完熟トマト」）……1袋

A ベーコン（角切り）……40g
　玉ねぎ（みじん切り）……1/4個
　オリーブ油……小さじ2
　水……120ml
　塩……小さじ1/4
黒こしょう……適量
オリーブ油……小さじ2

作り方

耐熱容器にAを入れ（a）、ラップをせずにレンジで3分加熱する。ご飯とスープの素を加えて（b）混ぜ、黒こしょうとオリーブ油をかける。

POINT　他の「カップスープ」を使ってもOK。

納豆ラー油チャーハン

栄養たっぷり！
安く空腹を満たせます

材料（1人分）

A ご飯（温かいもの）……200g
　納豆……1パック
　ごま油……小さじ2
　白だし……小さじ4
　塩……少々
　黒こしょう……少々
　長ねぎ（粗みじん切り）……1/4本

卵（溶きほぐす）……1個
万能ねぎ（小口切り）・ラー油……各適量

作り方

耐熱容器にAを入れて混ぜ、卵をまわしかけ、ラップをして（a）レンジで3分加熱する。よく混ぜ、万能ねぎをのせ、ラー油をかける。

600w 3分

POINT ご飯に具や調味料を混ぜてから卵を加えます。

麺とご飯

アボバタチャーハン

洋風仕立てのおしゃれチャーハン

アボカドがクリーミー

材料(1人分)

- **A** アボカド(スプーンで一口大にすくう)……1/2個
  - にんにく(粗みじん切り)……1片
  - ベーコン(粗みじん切り)……40g
  - 玉ねぎ(粗みじん切り)……1/4個
  - コンソメ(顆粒)……小さじ1 1/2
  - 塩……少々
- **B** ご飯(温かいもの)……200g
  - 卵(溶きほぐす)……1個
  - バター……10g
  - 黒こしょう……多め

作り方

耐熱容器に**A**を入れ(a)、**B**を加える。ラップをして(b)レンジで3分加熱する。よく混ぜ、好みで黒こしょうをふる。

600W 3分

POINT 塩をしょうゆで代用してもおいしい。

さば缶チャーハン

さば缶が味をまとめます
にんにくをしょうがで代用しても

材料(1人分)

A ご飯(温かいもの)
　……200g
　さば缶(水煮)
　……1/2缶(75g)
　玉ねぎ(みじん切り)
　……1/8個
　にんにく(みじん切り)
　……1片
　ごま油……小さじ2
　うまみ調味料
　……小さじ1/3
　塩……小さじ1/3
　黒こしょう……多め
　さば缶の汁
　……大さじ1/2
卵(溶きほぐす)
　……1個
ごま油……小さじ1

作り方

耐熱容器にAを入れ、卵をまわしかけ、ラップをして(a)レンジで3分加熱する。ごま油を加えて混ぜ、好みで万能ねぎをのせる。

600W 3分

POINT にんにくとごま油が、さばの臭み消しに。

麺とご飯

卵白たまごかけご飯

いつもより濃厚なTKGに！
余った卵白の救済にもどうぞ

材料（1人分）

ご飯（温かいもの）……200g
卵白……1個分
卵黄……1個分
しょうゆ……少々

作り方

耐熱容器にご飯を入れて
卵白をかけ、ラップをして
（a）レンジで2分加熱する。
よく混ぜ、卵黄をのせ、し
ょうゆをかける。

600W **2**分

POINT 卵白を混ぜただけで食べてもよし。

122

のりゾット

簡単ズボラ飯。お酒の締めにもおすすめ

材料（1人分）

A　ご飯（温かいもの）……200g
　　刻みのり……3g
　　水……160ml
　　白だし……大さじ1
バター……10g
しょうゆ……小さじ1
練りわさび……適量

作り方

耐熱容器に A を入れ（a）、ラップをせずにレンジで2分加熱する。バター、しょうゆを加えて（b）混ぜ合わせ、わさびを添える。

600w 2分

POINT のりから、おいしいだしが出ます。

卵雑炊

やさしさが体にしみわたる
忙しい朝や二日酔いのときに

材料（1人分）

A　ご飯（温かいもの）……200g
　　卵（溶きほぐす）……1個
　　水……200ml
　　白だし……大さじ2
万能ねぎ（小口切り）……少々

作り方

耐熱容器にAを入れ、よく混ぜる（a）。ラップをせずにレンジで3分20秒加熱する（b）。万能ねぎをのせる。

600W　3分20秒

POINT　冷やご飯を使う場合は加熱を少し長めに。

さば缶の炊き込まずご飯

チンして混ぜるだけ！ 恐ろしく簡単

材料(1人分)

ご飯(温かいもの)……200g
A さば缶(水煮)……1/2缶(75g)
　さば缶の汁……大さじ1
　しょうが(せん切り)……10g
　麺つゆ……大さじ1
　ごま油……小さじ2
万能ねぎ(小口切り)……少々

作り方

耐熱容器にAを入れ(a)、ラップをせずにレンジで2分加熱する。ご飯を加えて混ぜ、万能ねぎをのせる。

600W **2**分

POINT 七味唐辛子や柚子こしょうも合います。

麺とご飯

しめじのわさび混ぜご飯

きのこのうまみ、わさびの香りがあと引くおいしさ！

a

材料（1人分）

ご飯（温かいもの）……200g
しめじ（石づきを切り落としてほぐす）
……2/3株（70g）
麺つゆ……小さじ2強
練りわさび……3cm

作り方

耐熱容器にしめじを入れ（**a**）、ラップをせずにレンジで2分加熱する。水気をきり、ご飯、麺つゆ、練りわさびを加えて混ぜ、好みでおにぎりを作る。

600W 2分

POINT 熱でわさびの辛味がほどよくとびます。

126

鶏とれんこんの二目ご飯

五目ならぬ二目。れんこんでかさ増し！

材料(1人分)

ご飯(温かいもの)……200g
A 鶏もも肉(小さめの一口大)……80g
　れんこん(皮つきで薄い半月切り)……100g
　麺つゆ……大さじ1½
　ごま油……小さじ2

作り方

耐熱容器にAを入れ、ラップをして(a)レンジで3分30秒加熱する。水気をきり、ご飯を加えて混ぜ、好みで白煎りごまをふる。

600W　3分30秒

POINT 万能ねぎや七味唐辛子をかけても。

COLUMN 3

肉や野菜の下ごしらえに！
レンジ活用法

電子レンジを上手に使えば、毎日の料理がぐっとラクに。
知っておくと便利な使い方をまとめました。

※加熱時間は600wを基準にしています。

鶏胸肉を調理

鶏胸肉はレンジ調理に向いている食材。水などとともに耐熱容器に入れてレンジで加熱し（300gで3分30秒）、5分ほど放置。余熱を利用して柔らかく仕上げます。肉は常温にもどし、フォークで全体に穴をあけることが、中まで火が通りやすくなるポイント。

ゆで野菜、蒸し野菜を手軽に

野菜をゆでたり、蒸したりするのは、電子レンジの方が断然ラクだし、調理時間も早い。レンジ調理した野菜は食感がほどよく残っておいしいです。なすや玉ねぎなど、ラップで包んで加熱すれば（なす3本は4分、玉ねぎ1個は5分）、丸ごと蒸すこともできます。

飴色玉ねぎの時短に

カレーなどを作るとき、玉ねぎを飴色に炒めるのは、かなり時間がかかります。そこでレンジの力を拝借。切った玉ねぎを耐熱容器に入れ、ラップをせずにレンジで加熱（薄切り1個分で2分30秒）。レンチンで水分をとばしてから強火で炒めると調理時間の短縮に。

スパゲッティをゆでる

大きな鍋で茹でる手間が省けます。半分に折ったスパゲッティを耐熱容器に入れ（クロスさせると上手く入る）、水、塩やコンソメ、オリーブ油を入れて加熱（スパゲッティ100gで10分）。スパゲッティは水分に浸かるように容器の一番下に入れ、具材は上にのせます。

レンジで温泉卵

温泉卵もレンジで手軽に作れます。卵1個を深さのある耐熱容器に割り入れて水大さじ4を加え、黄身に楊枝で穴をあけたら（爆発防止）、ラップをせずにレンジで1分加熱。水を捨て、しばらくおくとかたまります。丼ものや麺類などのトッピングにどうぞ。

簡単タルタルソース

ゆで卵を作らなくてもいいからラクチン。耐熱容器に卵1個を入れて溶きほぐし、ラップをしてレンジで1分加熱。粗熱を取り、マヨネーズ大さじ2½、塩・こしょう各少々を加えて混ぜ合わせれば完成です。パンに挟んで卵サンドにしてもウマい。

常温にもどす

冷蔵庫から出したての肉を常温にもどすとき、レンジを使います。表裏を返しながら、手で触って人肌くらいになるまで、20秒ずつ加熱するだけ。肉だけでなく、クリームチーズを常温にもどすときにも、レンジを使うと早いです（100gで30秒）。

肉を解凍する

レンジの解凍機能を使うと時間がかかるから、僕は普通に加熱して解凍しちゃいます。カチカチの状態なら、最初に1分加熱したあと、表裏を返しながら20秒ずつ加熱をくり返し、人肌くらいになればOK。冷凍した肉をすぐ使いたいときにお試しください。

レンジってすごいね

CHAPTER **6**

スープ

おかずにもなる食べ応え

長ねぎのくたくたスープ

**長ねぎの甘みが絶品
風邪の日の心強い味方**

ごま油で風味づけ a

材料（1人分）

長ねぎ（小口切り）……1本（太めのもの）
水……200ml
白だし……小さじ4
ごま油……大さじ1/2

作り方

耐熱性のカップにすべての材料を入れ、ラップをして(a)レンジで7分加熱する。

POINT
しょうがを加えてもおすすめ。

600W 7分

スープ

豚キムチチゲ

1皿で大満足のうま辛スープ
辛いのが好きならラー油多めで

材料（1人分）

- A 白菜キムチ……150g
  - 豚バラ薄切り肉(4～5cm幅。好みの豚肉で可)……80g
  - 白だし……大さじ1強
  - 水……150ml
- 卵……1個
- ラー油、ごま油……各少々

作り方

耐熱容器にAを入れ、ラップをして(a)レンジで5分加熱する。卵を割り入れ、黄身に楊枝で穴をあけ(b)、再びラップをして卵がかたまるまで1分20～30秒加熱する。ラー油をかける。

600W 6分20～30秒

POINT 爆発防止のため黄身に穴をあけます。

シェントウジャン

ヘルシーな台湾の朝ご飯
ふわとろの豆乳が主役

材料（1人分）

A しめじ（石づきを切り落としてほぐす）
　……1/4株
　豆乳（無調整）……160ml
　白だし……大さじ1
　小えび（乾燥）……3g
酢……小さじ2
万能ねぎ（小口切り）・ラー油
……各適量

作り方

耐熱性の器にAを入れ(a)、ラップをせずにレンジで2分20秒加熱する。酢をまわしかけ、豆乳がかたまってポロポロしてくるまで混ぜ、万能ねぎを散らし、ラー油をかける。

600W　2分20秒

POINT 酢を混ぜると豆乳のタンパク質が凝固します。

スープ

濃厚豆乳チャウダー

豆乳＋バターで、このコク！
具だくさんで腹もちもいいよ

a

b

材料（1人分）

A じゃがいも（皮を
　むいて5mm角）
　……¼個
　玉ねぎ（5mm角）
　……⅛個
　ベーコン
　（5mm角）……20g

B 豆乳（無調整）
　……180ml
　コンソメ（顆粒）
　……小さじ1⅓
　バター……8g
黒こしょう……少々

作り方

耐熱性のカップにAを入れ、
ラップをして（a）レンジで2
分加熱する。Bを加え（b）、
ラップをせずに2分加熱し、
混ぜて黒こしょうをふる。

600w 4分

POINT　好みでツナやにんじん、きのこを入れても。

136

コンソメレモンスープ

シャキシャキレタスと、さけが抜群のコンビネーション

材料（1人分）

A レタス（せん切り。キャベツでも可）……30g
　さけフレーク（市販品）……10g
　水……180ml
　コンソメ（顆粒）……小さじ1強
レモン汁……小さじ1/2
黒こしょう……少々
バター……5g

作り方

耐熱性のカップにAを入れ(a)、ラップをせずにレンジで2分30秒加熱する。レモン汁、黒こしょうをかけ、バターをのせる。

600W 2分30秒

POINT バターを溶かしながら食べて。

CHAPTER 7

デザート

これがレンジで作れるの!?

デザート

大人のラムプディング

ラム酒の香りが広がる大人の味
インスタ映え間違いなし！

600W **3**分〜

+200W **7**分〜

a

b

材料（1人分）

- A 砂糖……小さじ2
- | 水……小さじ1
- B 卵……1個
- | 牛乳……140ml
- | 砂糖……大さじ2
- | ラム酒……大さじ1/2
- バター……適量

作り方

耐熱性のカップに**A**を入れ、ラップをせずにレンジでカラメル状になるまで3〜4分加熱する（a）。カップの側面にバターを塗る。ボウルに**B**を入れて混ぜ合わせ、茶こしでこしながらカップに注ぎ入れる。ラップをせずに200Wで7〜8分（300Wで6分前後）、様子を見ながら加熱する（b）。冷蔵庫で1時間ほど冷やす。

POINT お子様にはラム酒の代わりにバニラエッセンス2〜3滴を。

140

クリームチーズボウル

一口サイズのレアチーズケーキ
何個でもいけちゃうウマさ！

600w 1分10秒

a

材料（1〜2人分）

クリームチーズ……100g
A クッキー（粉々に砕く）
　……30g（プレーンなもの）
　バター……8g
B 砂糖……大さじ1⅓
　レモン汁……小さじ1強

作り方

耐熱容器にAを入れ（a）、ラップをせずに
レンジで40秒加熱してよく混ぜ、冷蔵庫
で冷やす。別の耐熱容器にクリームチー
ズを入れてラップをせずに30秒加熱し、
Bを加えてよく混ぜ、冷蔵庫で30分以上
冷やす（形がまとまるまで）。スプーンです
くってクッキーの容器に入れ、クッキーを
まぶしながら一口大に丸める。

POINT はちみつをかけて食べてもウマい。

デザート

バナナソイジェラート

市販のアイスに混ぜるだけ！
夏にぴったりの簡単デザート

材料(2人分)

バナナ……1本
バニラアイス
……1個(200ml)
豆乳(無調整)
……大さじ3

作り方

耐熱容器にバナナを入れ、フォークでつぶす(a)。アイスと豆乳を加え(b)、ラップをせずにレンジで30秒加熱し、よく混ぜる。冷凍庫で30分ほど冷やし、取り出して全体を混ぜ(c)、再び冷凍庫でかたまるまで数時間冷やす。好みで切ったバナナをトッピングする。

600W 30秒

POINT 甘さがたりなければ砂糖を加えても。

クリームチーズきんとん

濃厚で、まるで洋菓子！
お正月の栗きんとん代わりにも

材料（1～2人分）

さつまいも（皮をむいて一口大）……250g
水……300ml
A クリームチーズ……100g
　砂糖……大さじ1½
　塩……小さじ⅕

作り方

耐熱容器にさつまいも、水を入れ（a）、ラップをせずにレンジで15分加熱する。湯をきり（火傷に注意）、Aを加え（b）、好みの加減にいもをつぶしながら、よく混ぜる。

600W 15分

POINT ラップで包んで丸く形を作ってもかわいい。

容器に入れてチンするだけ!
ほぼ1ステップで作れるレンジ飯

2019年7月4日　初版発行

著者
リュウジ

発行者
川金正法

発行
株式会社KADOKAWA
〒102-8177 東京都千代田区富士見 2-13-3
電話 0570-002-301(ナビダイヤル)

印刷所
凸版印刷株式会社

＊本書の無断複製(コピー、スキャン、デジタル化等)並びに無断複製物の譲渡及び配信は、著作権法上での例外を除き禁じられています。また、本書を代行業者などの第三者に依頼して複製する行為は、たとえ個人や家庭内での利用であっても一切認められておりません。

お問い合わせ
https://www.kadokawa.co.jp/
(「お問い合わせ」へお進みください)
※内容によっては、お答えできない場合があります。
※サポートは日本国内のみとさせていただきます。
※Japanese text only

定価はカバーに表示してあります。

©Ryuji 2019 Printed in Japan
ISBN978-4-04-065725-7 C0077

写真
鈴木泰介

スタイリング
本郷由紀子

AD
三木俊一

デザイン
廣田 萌(文京図案室)

調理アシスタント
岡本春香

イラスト漫画
775号

取材・文
矢澤純子

DTP
アーティザンカンパニー

校正
麦秋アートセンター

編集
松尾麻衣子(KADOKAWA)